Chiara Arsego und Aymeric Vincenot

COLETTE und ihre ungewöhnlichen Haustiere

Schaltzeit Verlag

Genau so, wie sie es am liebsten mochte, kuschelte sich Colette auch an diesem Morgen sanft an Marcel und legte die Arme um ihren Mann. »Mir ist noch nie aufgefallen, wie behaart du mit den Jahren geworden bist. Und nicht nur das, deine Haare sind inzwischen auch alle ganz weiß.«

Doch die einzige Antwort, die sie bekam,
war ein zufriedenes Schnarchen.

Nachdem Colette aufgestanden war,
setzte sie sich vor den Spiegel,
um ihre Morgenmaske aufzutragen.
Sie kniff die Augen zusammen,
und fand, dass sie ulkig aussah.

»Das Altern will mir einfach nicht gelingen«, scherzte sie, ohne zu bemerken, dass ihr ein Pandabär gegenüber saß, den es amüsierte, ihre Gesten nachzuahmen.

Colette stieg in die Badewanne und schob das,
was sie für ihren Mann hielt, beiseite. »Marcel, du weißt doch,
dass in dieser Wanne nicht mehr genug Platz für uns beide ist.
Wir sind inzwischen viel zu dick, um gemeinsam zu baden.«
Zu ihrer großen Überraschung erhielt sie ein weiteres Mal
keine Antwort und musste sich wohl oder übel damit
abfinden, ihr morgendliches Bad zu teilen.

Nach dem Bad setzte sich Colette erneut
vor den Spiegel. Der Pandabär war verschwunden
und sie begann sich zu kämmen. Seltsamerweise
fühlte sich ihre Haarbürste viel weicher an als sonst.
Und Colette staunte nicht schlecht, als diese sich
plötzlich auch noch zu bewegen schien.

»Jetzt muss ich aber schleunigst die Wäsche aufhängen«, sagte Colette laut zu sich selbst und begann sogleich ihr Tagwerk. Sie griff in den Wäschekorb, ohne jedoch ihren Kater Billy zu bemerken, der sich zum Schlafen ausgerechnet dieses kuschelige Plätzchen ausgesucht hatte. So fand sich Billy plötzlich kopfüber neben Rock und Hose an der Wäscheleine wieder.

Dann war es Zeit, ihren Hund Balto auszuführen.
»Was hast du heute nur, Balto? Warum ziehst du stärker als sonst an deiner Leine?«, schimpfte Colette mit einem Krokodil, welches natürlich nicht Balto war. Die ängstlichen Blicke der Leute fielen ihr dabei gar nicht auf. Sie hatte viel zu sehr damit zu tun mit dem gewaltigen Krokodil Schritt zu halten.

Als sie wieder zu Hause ankam,
begann sie damit Farbe anzurühren.

Dann strich Colette damit das Wohnzimmer. Eine Aufgabe, die sie schon seit Monaten vor sich hergeschoben hatte. »All diese Flecken! Diese Wand musste wirklich dringend gestrichen werden!«

Schon war es höchste Zeit,
ihre Enkelin Julia von
der Schule abzuholen.

Julia wunderte sich ein bisschen, dass der Pelzmantel ihrer Großmutter sich bewegte und ihr amüsiert zuzwinkerte. Als sie beide zu Hause ankamen, wurde es allerdings noch seltsamer.

Im Wohnzimmer wartete ein riesiger Leguan. Und Colette ermahnte ihn auch noch seine Hausaufgaben zu machen. »Dabei habe ich doch gar keinen Leguankopf«, dachte Julia. Ihre Oma schien den Leguan offensichtlich mit ihr zu verwechseln. Aber was um Himmels willen machte dieses Tier überhaupt hier?

Colette setzte sich
anschließend an den
Küchentisch, um ihre
Einkaufsliste zu notieren.

2
3
3

Dann rief sie nach Julia, die mit ihr einkaufen gehen sollte. Colette glaubte, sie im Flur zu sehen, ergriff ihre Hand und ging los.

Auf dem Markt staunten die Händler nicht schlecht. Diese bislang so normal wirkende Frau ging tatsächlich mit einem Affen spazieren! Und dabei tat sie so, als wäre das die normalste Sache der Welt. Niemand wagte es aber, Colette darauf anzusprechen, denn man wollte einer so treuen Kundin gegenüber nicht unhöflich sein.

Zurück vom Markt ging Colette
schnurstracks in die Küche.

Doch was für eine Überraschung!
Dort wartete ein Känguru, das gerade
dabei war den Kühlschrank zu plündern.
Aber die alte Dame bemerkte es
überhaupt nicht. Im Gegenteil: Colette
räumte freiwillig alle Einkäufe direkt
in seinen Kängurubeutel.

Endlich konnte es sich Colette vor dem Fernseher gemütlich machen.
Es war Zeit für die Nachrichten. Sie drückte auf die Fernbedienung,
aber nichts passierte. Sie drückte wieder und wieder und
immer stärker und stärker, aber der Bildschirm blieb schwarz.

Colette war immer noch ziemlich verärgert darüber,
die Nachrichten verpasst zu haben, als ihr Mann nach Hause kam.

Marcel musste lachen, als er seine Frau erblickte. »Wir haben heute Morgen unsere Brillen verwechselt!«, erklärte er. Dann gab er Colette ihre richtige Brille zurück und setzte sich seine eigene auf die Nase. »Ach wirklich? Das ist mir überhaupt nicht aufgefallen!«, erwiderte Colette. »Aber die Fernbedienung funktioniert nicht mehr. Ich habe die Nachrichten verpasst!« – »Dann weißt du noch gar nicht, was heute passiert ist? Die ganze Stadt spricht davon! Letzte Nacht sind die Tiere aus unserem Zoo entflohen. Sie sind alle verschwunden und scheinbar unauffindbar.«

»Na, hier sind sie jedenfalls nicht, sonst hätte ich sie ja gesehen!«, versicherte Colette. Daraufhin ging sie ins Schlafzimmer, um sich erschöpft schlafen zu legen.

Confit

Am nächsten Morgen wurde Colette durch laute Geräusche aus der Küche geweckt. Die Tiere bereiteten gerade das Frühstück zu.

»Marcel, komm schnell!«, rief sie, als sie ins Zimmer trat. Oder hatte sie sich etwa wieder die falsche Brille aufgesetzt? – Nein! Auch Marcel musste sich lange die Augen reiben. Erst dann begriff er. Die aus dem Zoo entflohenen Tiere hatten sich bei ihnen ein neues Zuhause gesucht.

Von nun an lebten die Tiere bei Colette und Marcel und das war sehr, sehr praktisch für die beiden. Denn die Tiere nahmen ihnen viele Dinge ab.

Die Giraffe zum Beispiel war sehr geeignet, die Dachrinne zu reinigen. Dank des Kängurus mit seinem Beutel musste Colette nie mehr schwere Sachen tragen. Die Straußeneier sorgten allmorgendlich für ein köstliches Frühstück. Und der Affe brachte immer frisches Obst von den umliegenden Bäumen herbei. Und keiner konnte das Badezimmer besser putzen als das Walross.

Aber vor allem waren Colette und Marcel niemals mehr einsam. Und auch die Tiere waren sehr zufrieden in ihrem neuen Zuhause.

Und jetzt, unser GROSSES FAMILIENFOTO! Bitte lächeln! :-)

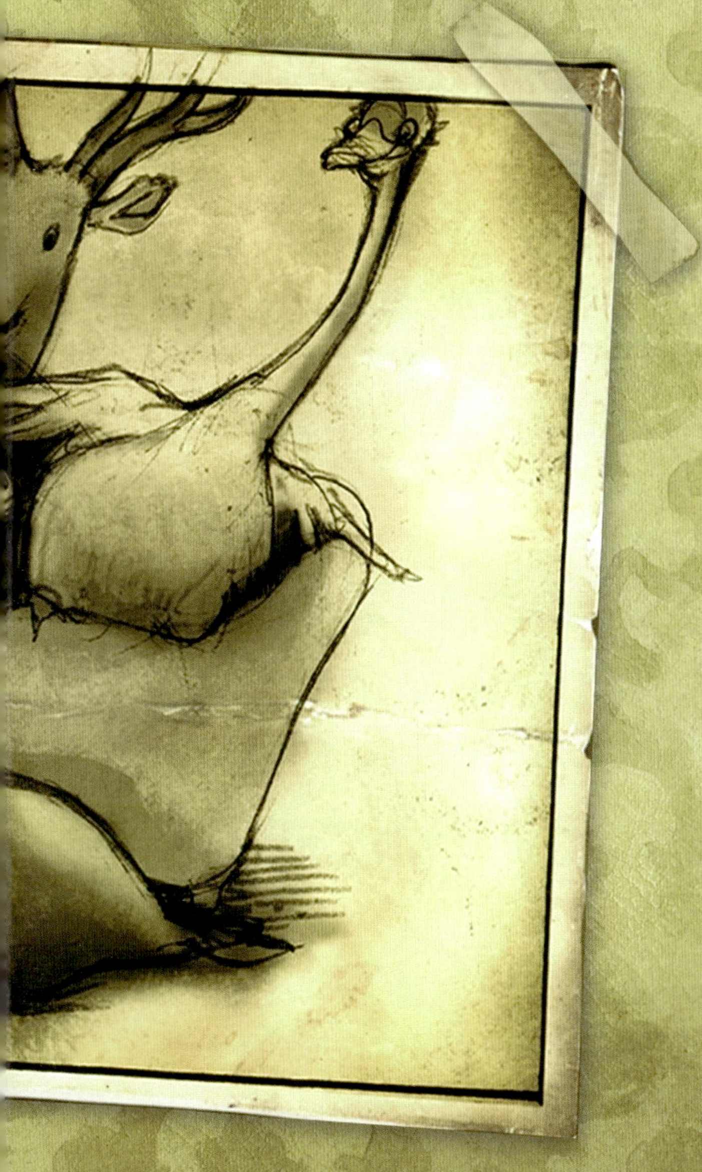

DIE AUTOREN

CHIARA ARSEGO

wurde in Italien geboren. Sie liebt Aufregung und Abenteuer, mag es aber auch, einfach nur mal Barfuss unterwegs zu sein. Sie liebt es über alles, sich in ihren Zeichnungen eine andere Welt auszudenken.

AYMERIC VINCENOT

ist Journalist. Er bereist die Welt und berichtet normalerweise nur Erwachsenen seine wahren Geschichten. Für dieses Buch hat er eine Ausnahme gemacht, um auch Kinder mal zum Träumen zu bringen.

Warum gibt es überhaupt Brillen?

Wie Colette und Marcel müssen viele ältere Menschen eine Brille tragen, um wieder richtig sehen zu können, denn wenn man älter wird, funktionieren mitunter die Augen nicht mehr so gut. Das nennt man dann altersbedingte Sehstörungen. Manchmal muss man aber auch schon früher eine Brille tragen. Ob groß oder klein, viele können mit dem richtigen Sehen Schwierigkeiten haben. So sehen Kurzsichtige weit entfernte Dinge nur verschwommen, zum Beispiel das, was die Lehrerin an die Tafel schreibt. Im Gegensatz dazu sehen an Weitsichtigkeit leidende Menschen Nahes verschwommen, zum Beispiel die Buchstaben in einem Buch. Dann gibt es noch Leute mit Hornhautverkrümmung. Sie haben Schwierigkeiten, bestimmte Details zu unterscheiden. All diese Sehstörungen werden durch Brillengläser unterschiedlicher Formen und Stärken ausgeglichen.

Brillen gibt es schon seit sehr langer Zeit. Zuerst wurden sie während des Mittelalters in Italien benutzt. Aber niemand weiß genau, wer sie erfunden hat. Sie wurden vor allem von Mönchen verwendet, die damals viele Manuskripte handschriftlich kopierten. Zu Beginn hatten Brillen nur ein einziges Glas, das man vor das Auge hielt. Im Laufe der Jahrhunderte kamen Handgläser auf, miteinander verbundene Gläser, die man sich mithilfe einer Stange vor die Augen hielt. Dann entwickelte man das Monokel, manchmal auch Lorgnon genannt, ein Glas, das man sich unter den Augenbrauenbogen klemmte, und schließlich den Zwicker. Der bestand aus zwei Gläsern, die von einer Feder zusammengehalten wurden. Das konnte die Nase ganz schön zwicken!

Anfang des 18. Jahrhunderts verwendete man erstmals Brillen mit Fassungen. Die drückten aber gehörig auf die Schläfen. Zwar tat einem die Nase nicht mehr weh wie beim Zwicker, dafür bekam man nun aber Kopfschmerzen!

Es sollte noch ein Weilchen dauern, bevor man Bügel mit Gelenken erfand und sie so lang machte, dass man sie sich hinter die Ohren klemmen konnte.